Astronauten, Sterne, Laserschwert

MACH 10!

Rätseln, Üben, Knobeln

Dudenverlag

Berlin

Hallo Rätselfan,

Mach 10! ist der Rätselspaß aus dem Dudenverlag. Es warten spannende Knobeleien aus den Bereichen Deutsch, Mathe und Englisch auf dich. Jede Aufgabe besteht aus zehn Übungen. Hast du sie gelöst, darfst du die Seite im Inhaltsverzeichnis abhaken und zur Belohnung einen Sticker auf die Seite kleben.

Mach 10! und trainiere spielerisch deine Fähigkeiten im Rechnen und Schreiben sowie deinen Englischwortschatz.

An alle Himmelskundler und Weltraumforscher: An die Stifte, fertig, los!

Das habe ich schon gelöst:

Hake ab!

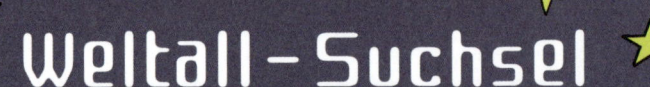

Weltall-Suchsel

Raumfahrer aufgepasst! In diesem Suchsel verstecken sich waagerecht und senkrecht zehn Begriffe zum Thema Weltall. Findest du sie?

				K	O	M	E	T					
			H	Q	B	K	Y	Z	G	F	H		
		P	T	Ü	G	A	L	A	X	I	E	C	
	H	V	M	W	R	B	Q	S	T	Z	L	H	E
	G	A	S	U	M	D	W	X	S	N	B	T	C
W	E	L	T	R	A	U	M	S	C	H	R	O	T	T
W	S	I	L	M	D	D	P	T	F	W	H	J	K	Ö
S	M	E	M	L	R	Ö	Ü	E	M	G	F	P	V	B
X	W	N	Ü	O	G	M	E	R	K	U	R	C	R	Q
M	N	K	V	C	F	A	D	N	R	H	T	F	P	W
	G	W	N	H	Q	R	V	N	F	M	U	F	O	
	L	M	L	Z	F	S	B	E	T	W	Ö	D	C	
		X	A	C	R	V	S	B	M	W	Q	N		
			M	O	N	D	B	E	N	M	H			
				Z	D	X	L	D						

10 GEMACHT!

4

Sternzahl gesucht

Kannst du diese zehn Aufgaben lösen?
Schreibe die gesuchten Zahlen in die Sterne.

1. $540 - 230 = $ ☆

2. $250 - $ ☆ $ = 190$

3. $372 + $ ☆ $ = 417$

4. ☆ $ + 79 = 190$

5. ☆ $ - 125 = 32$

6. $924 - $ ☆ $ = 514$

7. $170 + 480 = $ ☆

8. ☆ $ + 356 = 545$

9. ☆ $ - 805 = 111$

10. $444 + $ ☆ $ = 667$

10 GEMACHT!

5

DO YOU KNOW THE WORDS?

Kennst du diese Wörter? Verbinde die zehn englischen Begriffe mit den richtigen Bildern.

a

6. SATELLITE

f

10. CLOUD

j

2. MOON

h

1. EARTH

c

5. COMET

i

7. ASTRONAUT

b

4. STARS

e

3. SUN

g

9. SPACESHIP

d

8. ROCKET

10 GEMACHT!

Finde die Brückenwörter

Setze die zehn Nomen so ein, dass immer zwei sinnvolle Wörter entstehen.

STERN		SCHIRM
SCHWER		SPORT
TIER		ALL
SATURN		FINGER
BLITZ		JAHR
KUH		STRASSE
RAUM		WIND
WASSER		SCHICHT
GARTEN		PLANET
ABEND		KARTE

BILD

STERN

LICHT

KRAFT

ZWERG

EIS

FAHRT

MILCH

WELT

RING

10 GEMACHT!

Ordne die Mondphasen

Der Mond ändert ständig seine Gestalt. Manchmal sieht er aus wie eine Sichel, manchmal wie eine große Scheibe. Bringe die Mondphasen in die richtige Reihenfolge und finde das Lösungswort.

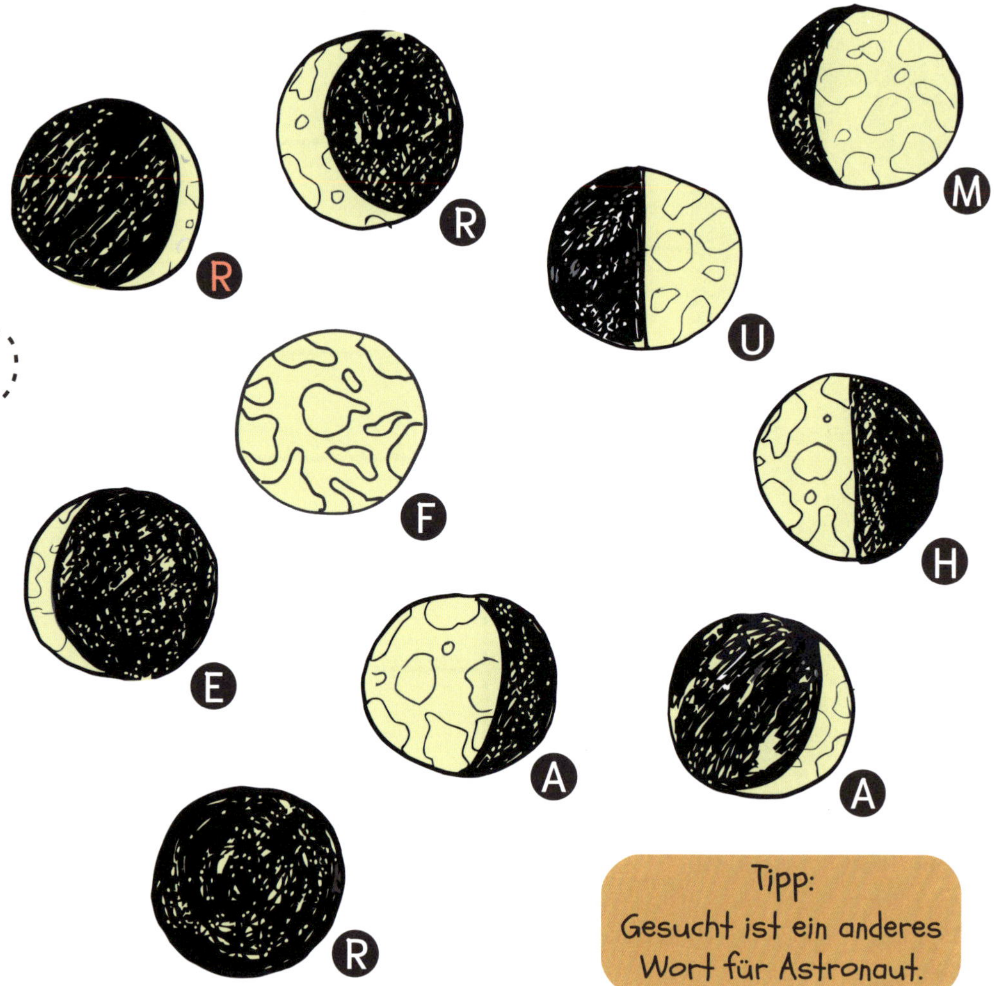

R

R

M

U

F

H

E

A

A

R

Tipp:
Gesucht ist ein anderes Wort für Astronaut.

1.	2.	3.	4.	5.	6.	7.	8.	9.	10.
R									

10 GEMACHT!

meine TOP 10!

Fülle die Liste aus!

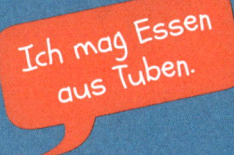

Ich mag Essen aus Tuben.

10 Gründe, warum ich Astronaut werden will

1. _____

2. _____

3. _____

4. _____

5. _____

6. _____

7. _____

8. _____

9. _____

10. _____

Ich will einen Alien treffen.

10 GEMACHT!

RAUMSCHIFF-RALLYE

Anschnallen, Triebwerke zünden und los geht's. Welches ist das schnellste Raumschiff? Löse die zehn Aufgaben. Das Raumschiff mit der höchsten Zahl, die sowohl durch 2 als auch durch 3 teilbar ist, gewinnt.

$837 - 54 + 115 + 17 =$

$230 + 40 + 287 - 12 =$

$14 + 682 - 179 + 201 =$

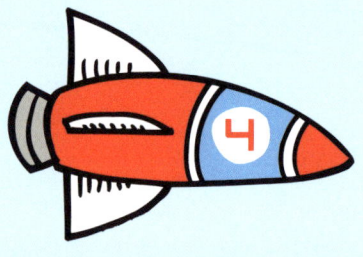

$765 - 432 + 101 - 234 =$

420 + 430 – 440 + 450 =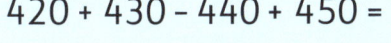

89 + 635 – 170 + 220 =

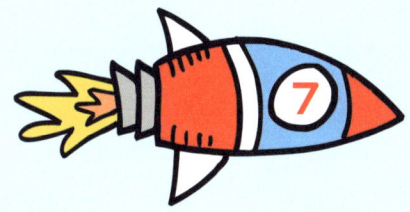

116 + 232 + 464 + 136 =

991 – 45 – 167 + 168 =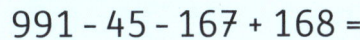

699 + 300 – 98 + 78 =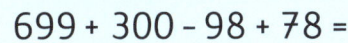

819 – 510 – 12 + 686 =

Which letter is missing?

Welcher Buchstabe fehlt?
Ein Alien hat in jedem Wort einen Vokal
geklaut. Setze a, e, i, o und u so ein,
dass zehn englische Wörter entstehen.

Tipp: In manchen Wörtern fehlt derselbe Vokal mehrmals.

1. st _ r — Stern

2. n _ ght — Nacht

3. c _ met — Komet

4. dw _ rf — Zwerg

5. r _ cket — Rakete

6. m_ _ n — Mond

Das sind die Übersetzungen der Wörter.

7. clo _ d — Wolke

8. e _ rth — Erde

9. g _ l _ xy — Galaxie

10. _ stron _ ut — Astronaut

10 GEMACHT!

Malnehmen für Himmelskundler

Ordne die Ergebnisse den zehn Aufgaben zu.
Richtig sortiert ergeben die Lösungsbuchstaben von oben
nach unten gelesen den Fachbegriff für Sternkunde.

1. $6 \cdot 8 =$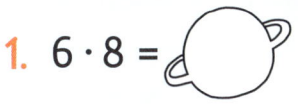

2. $38 \cdot 10 =$

3. $19 \cdot 3 =$

4. $490 \cdot 2 =$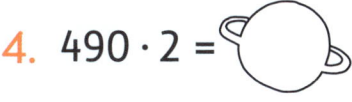

5. $10 \cdot 9 =$

6. $26 \cdot 20 =$

7. $15 \cdot 6 =$

8. $60 \cdot 9 =$

9. $11 \cdot 47 =$

10. $7 \cdot 15 =$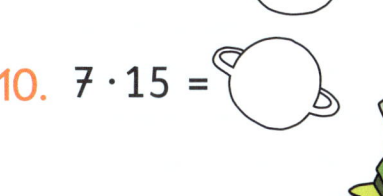

Aufgepasst:
Ein Ergebnis kommt
mehrmals vor.

13

GALAKTISCHE WORTWÜRFEL

Zehn galaktische Wortwürfel rasen durch die Weiten des Weltalls.
Verbinde die Buchstaben des gesuchten Nomens durch eine Linie.
Den Anfangsbuchstaben musst du selbst suchen.

2.

S T E
B N R
I L D

1.

M S I
O E E
N D R

R A H
A F R
U M T

3.

5.

A U T
N A S
O R T

4.

G A S
N T E
U Z B

7. MOVARESR

6. LUGFTHNAC

8. EIXNFSRET

9. MUSNURIVE

10. DIONETALP

Schau genau!

Finde die zehn Unterschiede
zwischen den Bildern. Kreise sie im unteren Bild ein.

meine TOP 10!

Fülle die Liste aus!

Ein Spielzeug

10 Dinge, die ich auf eine Reise ins All mitnehme

1. _____

2. _____

3. _____

4. _____

5. _____

6. _____

7. _____

8. _____

9. _____

10. _____

Ein Laserschwert

10 GEMACHT!

17

Ufo-Alarm

Angriff der Zahlenufos! Kannst du sie vervollständigen und die Gefahr für die Erdbewohner bannen? Addiere die Zahlen in zwei nebeneinanderliegenden Fenstern und du erhältst die Summe des Fensters darüber.

1.

32   14   57

2.

30

9   16

3.

290

110   30

4.

184

95

76

5.

202

54

241

6.
856
460
120

7.
618
239 53

8.
696
241
12

9.
83 109 212

10.
545
454
95

10 GEMACHT!

SOS aus dem Weltall

Der Rat für intergalaktische Sicherheit hat einen Notruf vom weit entfernten Planeten Alpha Buchstabi erhalten. Kannst du die Nachricht entschlüsseln?

Find the galactic pairs

Finde die galaktischen Paare. Immer zwei englische Wörter bilden ein neues Wort. Weißt du, welche? Schreibe sie auf.

moon

sky

rain

space

ship

thunder

down

dust

bow

giant

rise

storm

scraper

ice

planet

dwarf

count

full

sun

star

_____

_____

_____

_____

_____

_____

_____

_____

_____

Möchtest du wissen, was die Wörter bedeuten?

bow – Bogen
count – zählen
down – herab
dust – Staub
dwarf – Zwerg

full – voll
giant – Riese
ice – Eis
moon – Mond
planet – Planet

rain – Regen
rise – aufgehen
scraper – Kratzer
ship – Schiff
sky – Himmel

space – Raum
star – Stern
storm – Sturm
sun – Sonne
thunder – Donner

Voll verwirbelt

Ein Weltraumsturm hat die Buchstaben dieser zehn Nomen durcheinandergewirbelt. Bringe sie in die richtige Reihenfolge und schreibe die Wörter mit Artikel auf.

1.

2.

3.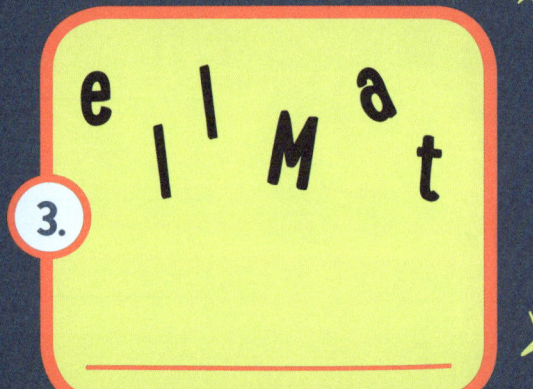

4.

5.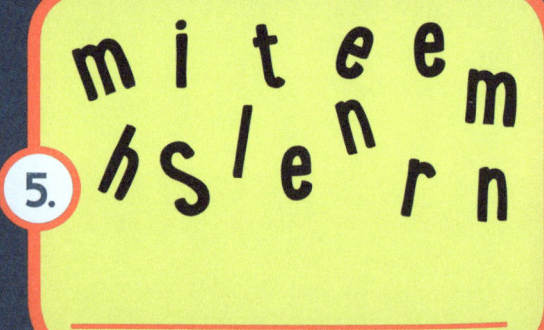

6. a ⌐ r w e s
c h s r t e

_____

7. m t R t s i
a u o a n

_____

8. H a t a m l
i e p e n t

_____

9. a l l e s
i t t s

_____

10. n t ⌐ i o r i
d e s s M n f

_____

DREI, ZWEI, EINS - START!

Am Weltraumbahnhof herrscht Hochbetrieb. Zehn Raketenstarts stehen an.
Zeichne die Startzeiten in die Uhren ein und ordne sie von früh bis spät.
Richtig sortiert ergeben die Lösungsbuchstaben ein Teil eines Raumfahrzeugs.

K 12:30

E 22:00

A 15:25

P 17:30

A 7:10

U 10:05

S 18:45

R 4:35

L 23:55

M 11:15

Trage hier die Buchstaben in der richtigen Reihenfolge ein:

1.	2.	3.	4.	5.	6.	7.	8.	9.	10.

10 GEMACHT!

meine TOP 10!

Fülle die Liste aus!

Die Sonne ist ein Stern.

Unsere Heimatgalaxie ist die Milchstraße.

10 Dinge,
die ich über den Weltraum weiß

1. _____
2. _____
3. _____
4. _____
5. _____
6. _____
7. _____
8. _____
9. _____
10. _____

10 GEMACHT!

25

Mondkalt und stockhell

Nanu? Hier stimmt etwas nicht! Ein Raumfahrer hat die zehn zusammengesetzten Adjektive durcheinandergewirbelt. Schreibe die Wörter richtig auf.

blitztrocken

bitterleicht

geheimnisklar

sternschnell

hauchdunkel

kugeldünn

federrund

mondkalt

stockhell

staubvoll

1. _____

2. _____

3. _____

4. _____

5. _____

6. _____

7. _____

8. _____

9. _____

10. _____

The countdown is on

Der Countdown läuft! Löse die Aufgaben und schreibe die gesuchten englischen Zahlwörter in das Kreuzworträtsel.

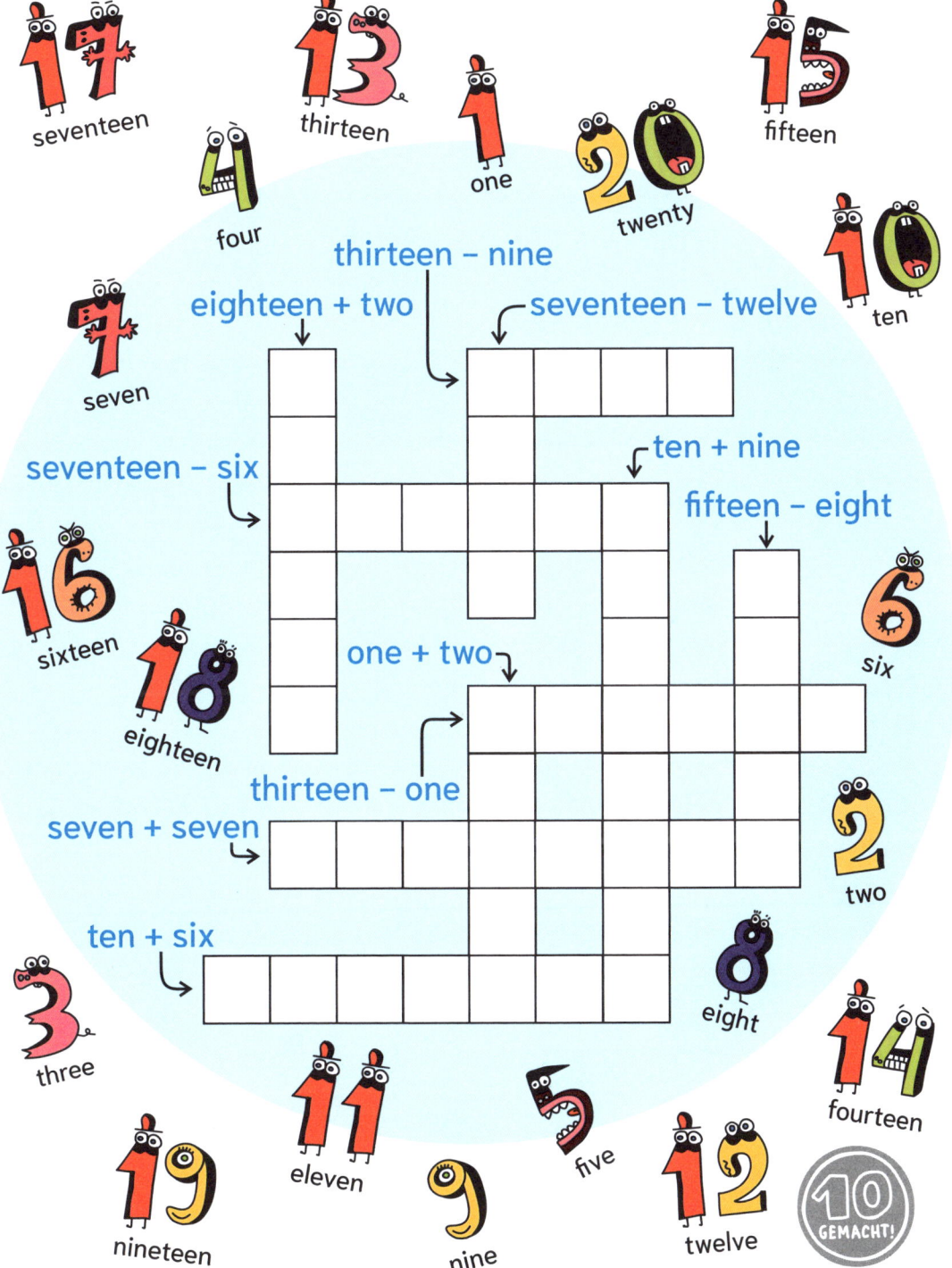

seventeen

thirteen

one

twenty

fifteen

four

ten

seven

thirteen – nine

eighteen + two

seventeen – twelve

seventeen – six

ten + nine

fifteen – eight

sixteen

six

eighteen

one + two

thirteen – one

seven + seven

two

ten + six

eight

three

eleven

five

fourteen

twelve

nineteen

nine

Für Sterngucker

Verbinde die Sterne in der richtigen Reihenfolge und finde heraus, wie die zehn Sternbilder aussehen.

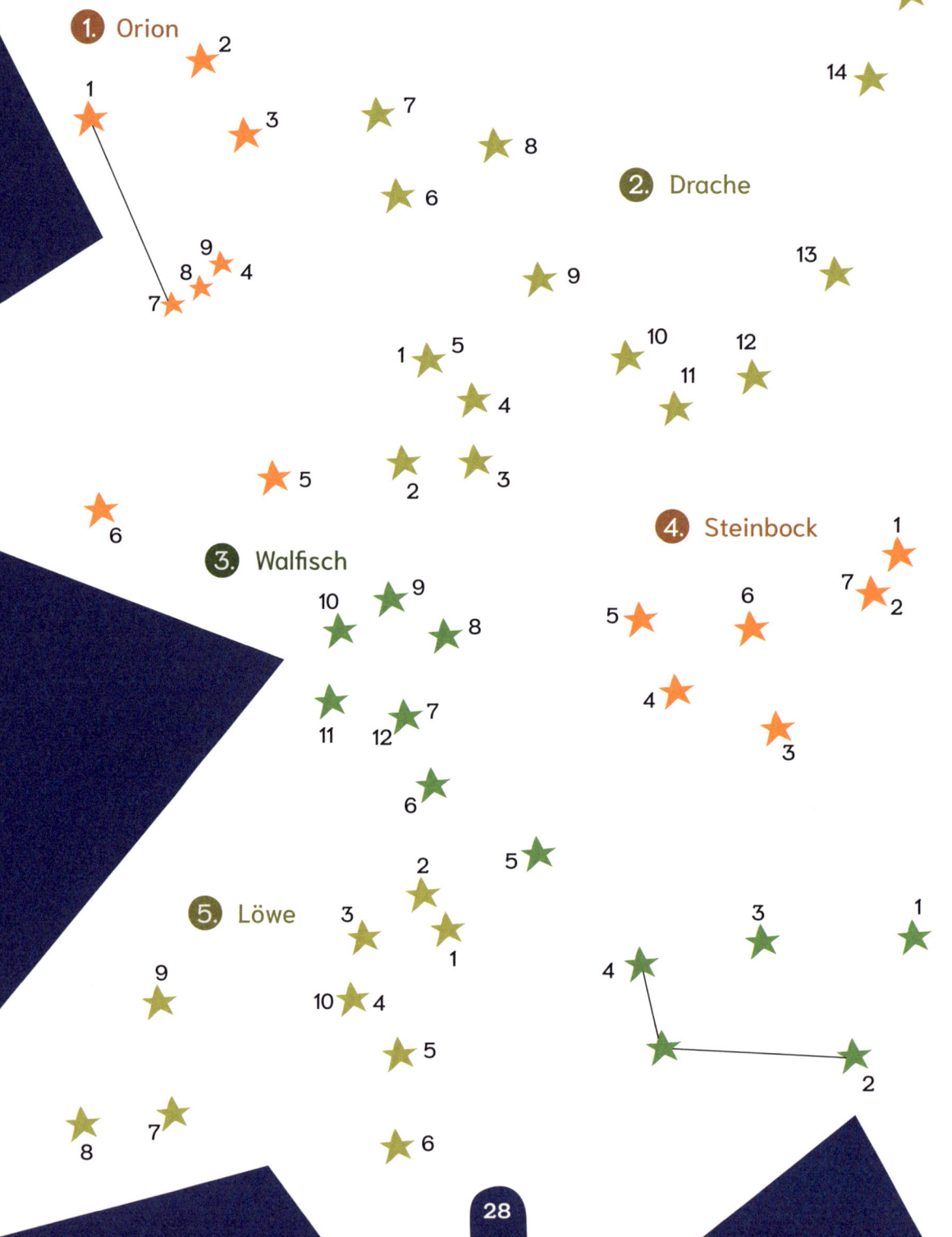

1. Orion

2. Drache

3. Walfisch

4. Steinbock

5. Löwe

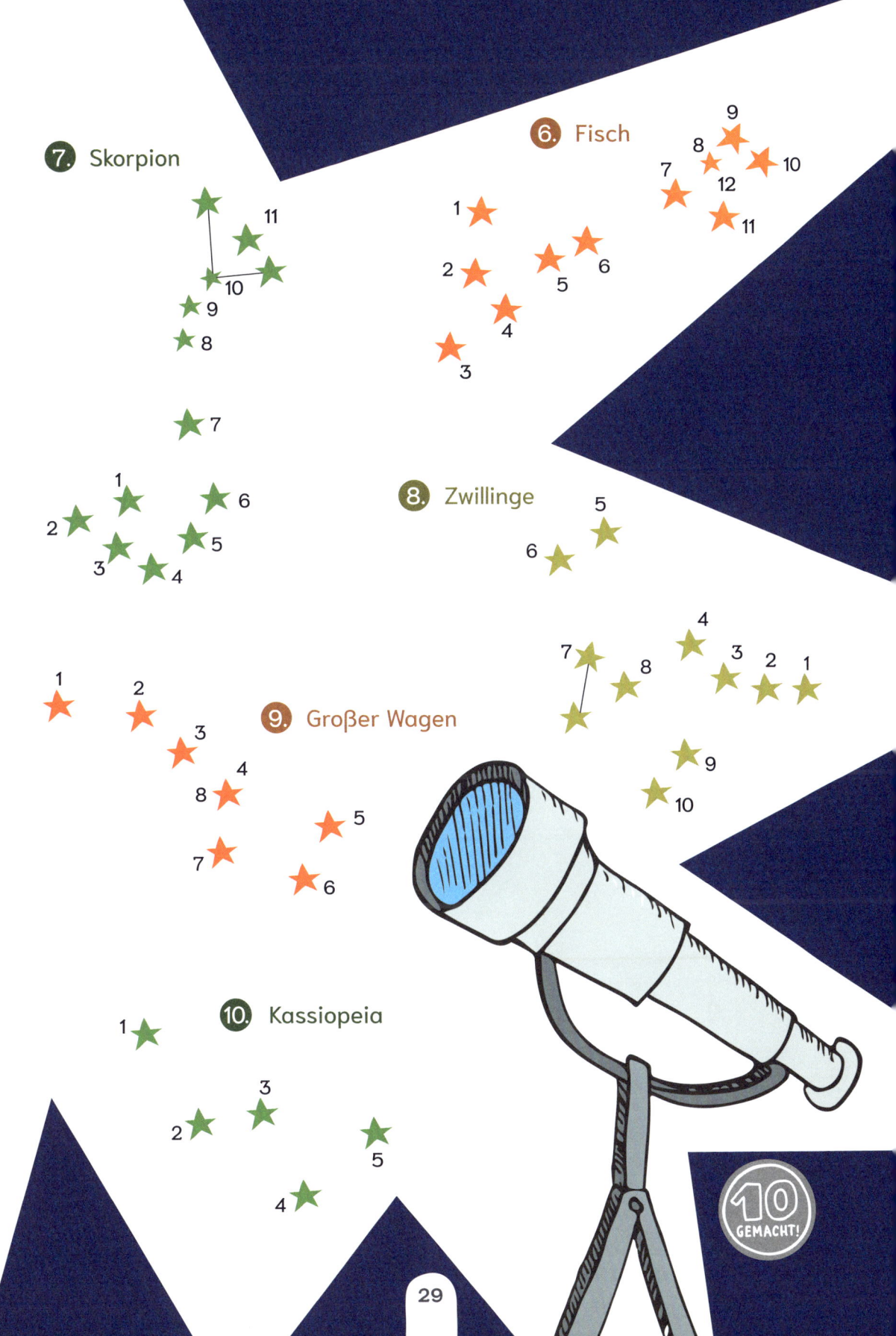

7. Skorpion

6. Fisch

8. Zwillinge

9. Großer Wagen

10. Kassiopeia

29

Omas
Apfelkuchen

meine TOP 10!

Fülle die Liste aus!

Meinen
Lieblingsort

10 Sachen,
die ich einem Außerirdischen zeigen will

1. _____

2. _____

3. _____

4. _____

5. _____

6. _____

7. _____

8. _____

9. _____

10. _____

10 GEMACHT!

Hidden words

Versteckte Wörter? Findest du ganz leicht!

In jedem der zehn englischen Wörter ist ein anderes englisches Wort verborgen. Suche diese Wörter und kreise sie ein.

ring

come

loud

1. planet

2. comet

tell

3. cloud

4. satellite

5. rocket

6. antenna

star

turn

7. Saturn

8. start

ant

rock

9. voice

10. spring

plane

ice

POST VOM PLANETEN OOGA OOGA

Lies den Brief von Oogon vom Planeten Ooga Ooga.
Findest du die zehn Nomen? Kreise sie ein und schreibe
sie mit Artikel auf die Linien.

SEI GEGRÜSST, ERDLING.

MEIN PLANET IST VIELE LICHTJAHRE
VON DER ERDE ENTFERNT. BEI UNS
HABEN ALLE BEWOHNER GRÜNE HAARE.
ZUR BEGRÜßUNG SAGEN WIR: „OOGA!"
ICH ESSE GERN EIS MIT SAUREN GURKEN.
UND WENN MIR LANGWEILIG IST, SCHAUE
ICH MIR STERNBILDER AN.

Dein Oogon

Nomen werden
großgeschrieben.

Galaktische Zahlenreihen

Diese zehn Zahlenreihen folgen jeweils einem bestimmten Muster. Blicke durch dein Fernrohr und setze die Reihen fort.

1. 11, 112, ___ , ___ , ___ , 516, ___   **Regel:**   + 101

2. 3, 9, ___ , ___ , ___ , 729   **Regel:** _____

3. 457, ___ , 419, 400, ___ , ___   **Regel:** _____

4. 768, 384, ___ , ___ , ___ , ___ , 12, ___   **Regel:** _____

5. 397, 356, ___ , ___ , ___ , ___ , 376   **Regel:** – 41 + 34

6. 8, ___ , 12, 36, ___ , ___ , ___ , ___   **Regel:**   · 3 : 2

7. 110, 220, 210, ___ , ___ , ___ , 810   **Regel:** _____

8. 14, ___ , 25, 75, ___ , ___ , ___   **Regel:**   · 3 – 17

9. ___ , ___ , 97, 93, ___ , ___ , ___   **Regel:**   – 4 : 3

10. ___ , 211, 229, 222, ___ , 233, ___   **Regel:** _____

Wort,
verwandle dich!

Wie wird aus dem Wort Fall das Wort Bund? Ändere in jeder Zeile einen Buchstaben, sodass ein neues Wort entsteht. Aufgepasst! In jeder Zeile und in jeder Spalte darf nur ein Buchstabe geändert werden.

1.

F	A	L	L
A	L	L	
B	A	L	D
B	A		D
B	U	N	D

2.

N	E	I	N
	K	O	R	B

3.

R	I	N	G
W	A	L	D

4.

E	U	L	E
Z	I	N	S

5.

N	O	R	M
M	U	N	D

34

6.

T	I	E	R
M	E	H	L

7.

B	A	R	T
H	E	L	M

8.

B	A	U	M
Z	E	H	N

9.

W	A	B	E
R	O	S	T

10.

N	U	S	S
H	A	B	E

10 GEMACHT!

WER LEUCHTET DA?

Ordne die Ergebnisse den Aufgaben zu. Richtig sortiert, ergeben die Buchstaben von oben nach unten einen Stern, der genau im Norden steht. An ihm haben sich Seefahrer früher orientiert.

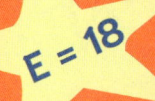

Aufgepasst: Ein Ergebnis passt mehrmals.

A = 10

E = 18

S = 8

L = 5

N = 25

P = 12

T = 70

R = 21

O = 14

1.   84 : 7 = ☐

2.   126 : 9 = ☐

3. 555 : 111 = ☐

4. 230 : 23 = ☐

5.   42 : 2 = ☐

6. 104 : 13 = ☐

7. 770 : 11 = ☐

8.   72 : 4 = ☐

9. 252 : 12 = ☐

10. 625 : 25 = ☐

10 GEMACHT!

Ein Wort passt nicht

Ein Alien hat sich einen Scherz erlaubt.
Er hat in jede Reihe ein Wort eingefügt,
das nicht passt. Weißt du, welches?
Kreise es ein.

1. braun orange schwer blau rot grün

2. Urknall Fußball Weltall Zufall Zahl Metall

3. Berlin China USA Indien Brasilien Russland

4. Sterne Flugzeuge Wolken Mond Raketen Vögel

5. Astronaut Licht singen Mensch Vulkan Erde

6. Schwerkraft Staub Schnupfen Schnur Schlüssel

7. flattern fliegen gleiten kriechen schweben segeln

8. Astronomie Galaxie Familie Chemie Energie Zombie

9. Jupiter Venus Mond Merkur Uranus Saturn

10. Stier Schnecke Fische Löwe Krebs Steinbock

Tipp:
Sprich die Wörter
laut vor dich hin.

10
GEMACHT!

meine TOP 10!
Fülle die Liste aus!

Sauerstoff

Einen Raumanzug

10 Dinge,
die ein Astronaut im Weltraum braucht

1. _____

2. _____

3. _____

4. _____

5. _____

6. _____

7. _____

8. _____

9. _____

10. _____

10 GEMACHT!

Astronautentraining

Um die zehn Reihen zu vervollständigen, brauchst du starke Nerven und Kombinationsgabe. Weißt du, was als Nächstes kommt?

Weltall-Experten gesucht

Wie gut kennst du dich im Weltall aus? Beantworte die zehn Expertenfragen.
Die Buchstaben hinter den richtigen Antworten ergeben das Lösungswort.

1.

Wie heißt die Wissenschaft
von den Sternen?

a. Astrologie   D
b. Astronomie   A
c. Mathematik   K

2.

Welcher Himmelskörper gilt
seit dem Jahr 2006 nicht
mehr als Planet?

a. Mars   S
b. Jupiter   Z
c. Pluto   T

3.

Wie lange braucht die Internationale
Raumstation ISS, um die Erde einmal
zu umrunden?

a. 90 Minuten   M
b. Sechs Stunden   Y
c. Einen Tag   R

4.

Wie wird der Zustand genannt,
nachdem die Schwerkraft über-
wunden wurde?

a. Bodenlosigkeit   A
b. Schwerelosigkeit   O
c. Ewigkeit   D

5.

Wie heißt unsere Heimatgalaxie?

a. Butterberg   J
b. Milchstraße   S
c. Käseweg   W

6. Wie viele Planeten kreisen um die Sonne?

a. Fünf   O

b. Acht   P

c. Zwölf   F

7. Welcher Planet wird auch Wasserplanet genannt?

a. Erde   H

b. Mars   W

c. Jupiter   T

8. Licht legt in einer Sekunde 300 000 Kilometer zurück. Wie lange braucht es, um von der Sonne zur Erde zu gelangen?

a. Rund acht Minuten   Ä

b. Ungefähr einen Tag   W

c. Mehr als ein Jahr   I

9. Wer betrat am 21. Juli 1969 als erster Mensch den Mond?

a. Neil Armstrong   R

b. Alexander Gerst   P

c. Juri Gagarin   Q

10. Welcher Planet ist nach Sonne und Mond von der Erde aus besonders gut zu sehen?

a. Mars   X

b. Venus   E

c. Saturn   T

Tipp:
Gesucht ist ein Wort für die Hülle, die einen Planeten umgibt.

Trage hier das Lösungswort ein:

1.	2.	3.	4.	5.	6.	7.	8.	9.	10.

10
GEMACHT!

OUR SOLAR SYSTEM

Unser Sonnensystem umfasst die Sonne, Planeten und andere Himmelskörper. Setz dich ins Raumschiff und sause waagerecht und senkrecht über das Rätselgitter. Findest du die zehn englischen Wörter?

A	V	E	N	U	S	K	U	X	W	C	B	U
M	V	C	B	R	P	T	Q	V	U	M	J	T
U	T	W	R	A	D	P	R	K	M	L	U	G
O	P	R	W	N	G	L	H	J	K	V	P	T
X	V	M	T	U	Y	U	G	T	R	A	I	K
O	P	M	A	S	A	T	U	R	N	S	T	F
V	T	E	W	E	V	O	D	X	K	R	E	Q
E	A	R	T	H	C	Z	S	D	M	A	R	S
N	U	C	W	D	S	H	T	J	R	L	M	B
F	S	U	Z	L	X	D	T	A	V	P	L	M
P	T	R	R	N	E	P	T	U	N	E	V	O
B	H	Y	H	G	N	S	J	K	Y	Z	T	O
D	K	P	U	B	S	F	K	C	Q	W	R	N

meine TOP 10!

Fülle die Liste aus!

Großer Wagen

10 Sternbilder,
die ich am Nachthimmel erkenne

1. _____
2. _____
3. _____
4. _____
5. _____
6. _____
7. _____
8. _____
9. _____
10. _____

Orion

10 GEMACHT!

Galaktische Matherätsel

1. Auf dem Planeten Venus herrschen 456 Grad Celsius. Auf dem Planeten Merkur ist es 289 Grad Celsius kälter. Wie warm ist es auf Merkur?

2. Mit einem modernen Flugzeug würde ein Flug zur Sonne 228 Monate dauern. Wie viele Jahre sind das?

3. Es gibt 176 bekannte Monde in unserem Sonnensystem. Davon kreisen 97 Monde nicht um den Planeten Jupiter. Wie viele Monde hat Jupiter?

4. Der Planet Uranus benötigt 84 Jahre für eine Umrundung der Sonne. Seine beiden Pole werden in dieser Zeit gleich lang von der Sonne angestrahlt. Wie lange ist jeder Pol in der Sonne?

5. Der Russe Gennadi Padalka verbrachte insgesamt 879 Tage im All. Das sind 517 Tage mehr als der Deutsche Alexander Gerst. Wie viele Tage war Alexander Gerst im All?

6.
Ein Tag auf dem Jupiter hat zehn Stunden. Wie viele Minuten sind das?

5

7.
Das Licht der Sonne benötigt acht Minuten und 19 Sekunden bis zur Erde. Wie viele Sekunden sind das?

8.
Der Kosmonaut Anatoli Solowjow spazierte 78 Stunden und 48 Minuten lang durch das Weltall. Raumfahrer Michael López-Alegría war elf Stunden und acht Minuten weniger unterwegs. Wie lange war er im Außeneinsatz?

Löse die Rätsel!

1

6

Auf dem Mond kannst du besonders hoch und weit springen. Der Grund: Du wiegst nur ein Sechstel deines Gewichts. Wie viel würde ein 30 Kilogramm schweres Kind auf dem Mond wiegen?

9.

10.
Die Internationale Raumstation benötigt für eine Umrundung der Erde 90 Minuten. Wie viel Mal umkreist sie die Erde am Tag?

10 GEMACHT!

Finde die Wörter

Welche zehn Weltraumbegriffe sind hier gesucht? Die Zahlen neben den Bildern verraten dir, welche Buchstaben du streichen oder gegen andere austauschen sollst.

1.

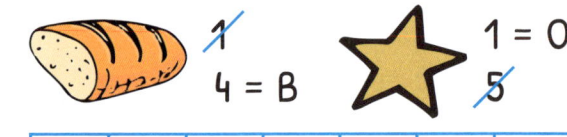

2.

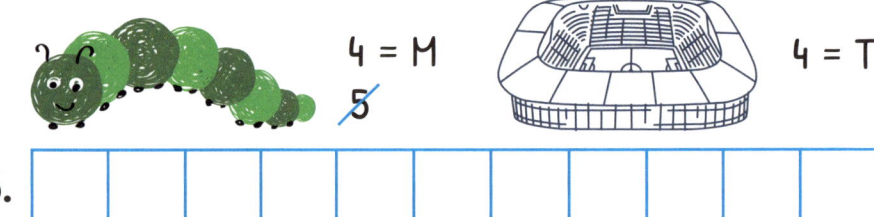

3.

4.

5. | | | K | | | | |

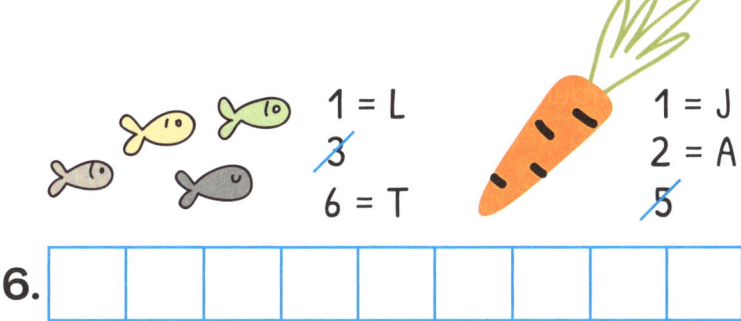

1 = L
~~3~~
6 = T

1 = J
2 = A
~~5~~

6. | | | | | | | | |

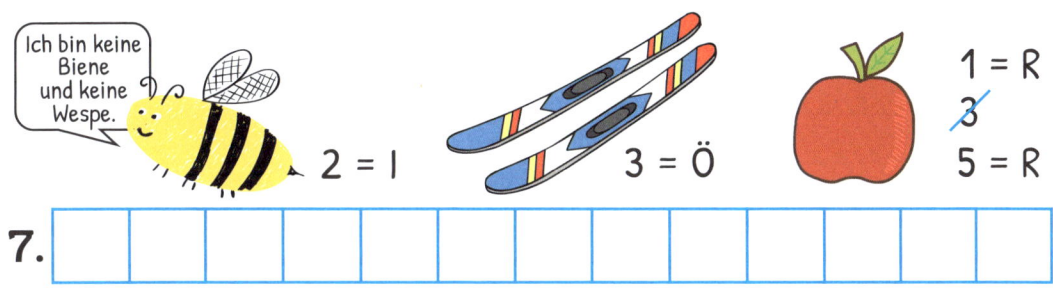

Ich bin keine Biene und keine Wespe.

2 = I

3 = Ö

1 = R
~~3~~
5 = R

7. | | | | | | | | | | | | | | |

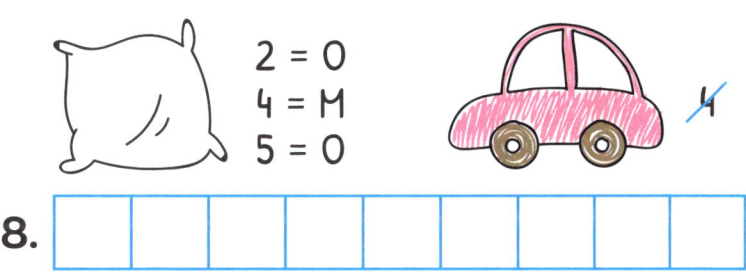

2 = O
4 = M
5 = O

~~4~~

8. | | | | | | | | | |

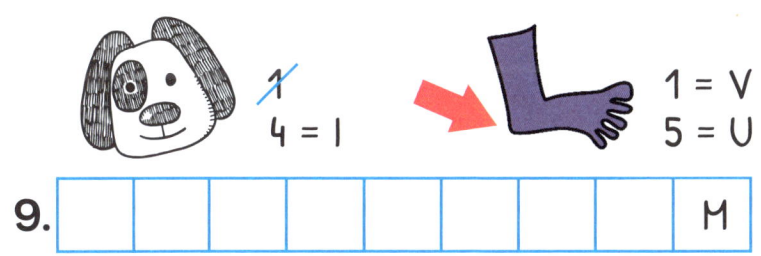

~~1~~
4 = I

1 = V
5 = U

9. | | | | | | | | M |

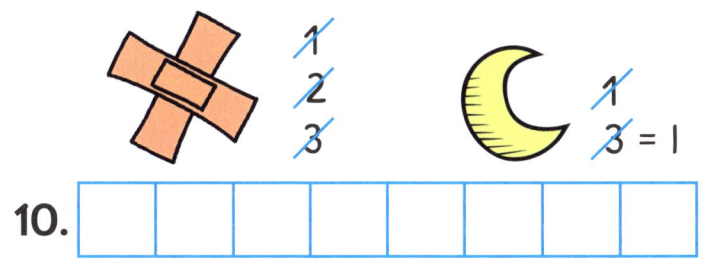

~~1~~
~~2~~
~~3~~

~~1~~
~~3~~ = I

10. | | | | | | | | |

May the four be with you

Möge die Vier mit dir sein! Immer vier Wörter mit je vier Buchstaben ergeben ein Lösungswort mit ebenfalls vier Buchstaben. Setze die englischen Wörter an den richtigen Stellen ein und streiche sie aus der Liste.

aunt away baby ball bear
bike bird book code cold
crew dark down dust east
fast film flag hand heat
home idea lamp late moon
plan rock rose sand ship
shoe sign snow star team
tear tent tree trip wait

1.

R			E
		T	G
D			
F		R	K

2.

T		M	
P		N	
C		W	
S		E	

3.

T	R	E
B		
S	D	
S	N	

4.

F		T
W		T
H		E
T		E

Versteckte Zahlen

Ein schwarzes Loch hat in jedem Wort ein paar Buchstaben aufgesaugt.
Setze die Zahlwörter so ein, dass zehn sinnvolle Wörter entstehen.
Aufgepasst: Ein Zahlwort passt zweimal.

sechs

vier

acht

N................................himmel

h.................................en

Kla................................

ver................................

Kl................................tadt

................................fel

................................agel

................................se

Run................................

Meere................................e

................................am

elf

zehn

eins

zwei

drei

Zwei!

sieben

10 GEMACHT!

meine TOP 10!

Fülle die Liste aus!

Meine Lieblingsfarbe ist Rot.

Ich will einen Marsmenschen treffen.

10 Gründe,
warum ich auf den Mars fliegen will

1. _____
2. _____
3. _____
4. _____
5. _____
6. _____
7. _____
8. _____
9. _____
10. _____

10 GEMACHT!

WER KOMMT VOM PLANETEN FLAVORI?

1. Pabl steht ganz rechts in der Tabelle und isst Spinat.

2. Zwischen Pabl und Alecx steht der Alien vom Planeten Tintus.

3. Der Alien vom Planeten Triculus heißt Zarina.

4. Pabl ist 102 Jahre alt.

5. Zarina ist halb so alt wie Pabl und 13 Jahre älter als Alecx.

6. Der Alien links neben Pabl ist zwölf Jahre alt.

7. Der zweitälteste Alien isst Eis.

8. Der älteste Alien kommt vom Planeten Fundi.

9. Der jüngste Alien isst Algen und steht neben dem, der Zitronen isst.

10. Lilya kommt nicht vom Planeten Flavori.

Lies die Hinweise und fülle die Tabelle aus.

Alien	1	2	3	4
Name				
Alter				
Planet				
Essen				

10 GEMACHT!

52

Größer, kleiner oder gleich?

Löse die zehn Aufgaben. Welche Ergebniszahl ist größer, kleiner oder gleich?
Setze die Zeichen **<** , **>** oder **=** richtig in die Sterne ein.

1. 84 ☆ vierundachtzig

2. 37 ☆ $6 \cdot 7$

3. vierhundertachtzehn ☆ 481

4. hundertzwanzig ☆ $9 \cdot 13$

5. vier $\cdot$ hundertzwei ☆ vierhundertundzwei

6. $102 + 303$ ☆ $27 \cdot 15$

7. $7 \cdot 7 \cdot 7$ ☆ dreihundertdreiundfünfzig

8. $176 : 16$ ☆ $484 : 44$

9. $2 \cdot 3 \cdot 4 \cdot 5$ ☆ das Doppelte von sechzig

10. $24 \cdot 15$ ☆ $61 \cdot 8$

GEHIRNTRAINING FÜR ASTRONAUTEN

Astronauten müssen auch im Kopf fit bleiben.
Löse die zehn kleinen Weltraum-Sudokus.
Welche Symbole fehlen?
So geht's: In jeder Zeile (waagerechte Reihe),
in jeder Spalte (senkrechte Reihe) und in
jedem kleinen Quadrat darf jedes Symbol
jeweils nur einmal vorkommen.

Kreuz und quer durchs Weltall

Kennst du diese Begriffe? Trage die gesuchten Wörter
in das Kreuzworträtsel ein. Die Buchstaben in den bunten Kästchen
ergeben das Lösungswort.

Tipp:
Gesucht ist ein anderes
Wort für Mond.

Trage hier das Lösungswort ein:

Animals in space

Tiere im Weltraum! In dieser Buch-
stabenspiralgalaxie verstecken sich
zehn englische Tiernamen. Weißt du,
welche Tiere fliegen können?

RABWTSDOWLJDHCAT

BCGHTIGERSIMF

ADLIONDFTBEARG

OWAMOUSEAVRABBITAHDUBATPKLSPIDER

ROGSOPWA

Wortspeicher

bat · bear · cat ·

frog · lion · mouse ·

owl · rabbit ·

spider · tiger

10
GEMACHT!

Runde Wörter

Suche die passenden Halbkreise und setze sie zu zehn sinnvollen Wörtern zusammen. Lies die Wörter im Uhrzeigersinn und schreibe sie auf. Den Anfangsbuchstaben musst du selbst finden.

A L E N — 15.

A L G N — 12.

O R T I — 4.

L L I T — 8.

E T E M — 5.

W M U A — 9.

A H D N — 16.

S W O L — 17.

T R O N — 3.

F R H O — 11.

E S K O — 14.

1. 1. + 8. = Satellit
2.
3.
4.
5.
6.
7.
8.
9.
10.

10 GEMACHT!

meine TOP 10!
Fülle die Liste aus!

Von welchem Planeten kommst du?

Gehst du zur Schule?

10 Dinge,
die ich einen Außerirdischen fragen würde

1. _____
2. _____
3. _____
4. _____
5. _____
6. _____
7. _____
8. _____
9. _____
10. _____

10 GEMACHT!

Planetenlexikon

Kennst du dich mit Planeten aus?
Lies den Text und setze die
zehn Begriffe in die Textlücken.

Sonne

Erde

Planeten

Zwergplanet

Sonnensystem

Metall

Gas

Mars

Temperaturen

Pluto

In unserem Sonnensystem gibt es acht
(1) _____ : Merkur, Venus, Erde, (2) _____ ,
Jupiter, Saturn, Uranus und Neptun. Sie umkreisen die
(3) _____ in regelmäßigen Bahnen. Die (4) _____
ist der einzige Planet, von dem wir bisher mit Sicherheit
wissen, dass es auf ihm Leben gibt. Jeder Planet in
unserem (5) _____ ist anders
aufgebaut. Einige bestehen aus (6) _____ und
Flüssigkeit, andere aus Gestein und (7) _____ .
Auch die (8) _____ sind von Planet zu Planet
verschieden. Früher war (9) _____ der neunte
Planet unseres Sonnensystems. Seit 2006 dem Jahr gilt
er nur noch als (10) _____ .

10 GEMACHT!

Außerirdische Aufgaben

Welches Bild steht für welche Zahl? Schreibe die Zahlen in die Kästchen über den Bildern und löse die zehn außerirdischen Aufgaben.

1. 85 - 36 =

2.

3.

4.

5.

6.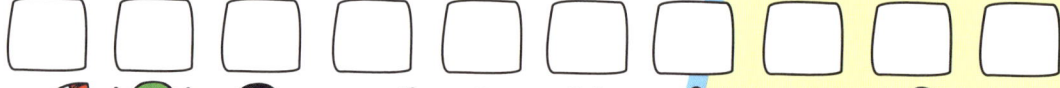

7.

8.

9.

10.

Knall im All

Ein lauter Knall hat die Wörter wild im Weltall durcheinander gewirbelt. Setze die Silben zu zehn sinnvollen Wörtern zusammen und schreibe sie mit Artikel auf.

_____

_____

_____

_____

_____

_____

_____

_____

_____

Drei Silben bleiben übrig und ergeben das letzte Wort:

_____

Milch

Kat

tro

Au

naut

As

stra   pe

le

scher

schnup

kop

s   ße   Um

di   Te   ke

bahn   bo

ze

Re   gen

Ra

Ha

lauf

se

te   ir   ßer

Stern   gen

10 GEMACHT!

WELTRAUM-WÜRFEL

Streue etwas Sternenstaub auf die Seite und fülle die zehn Weltraum-Würfel mit den passenden Zahlen aus.

1.

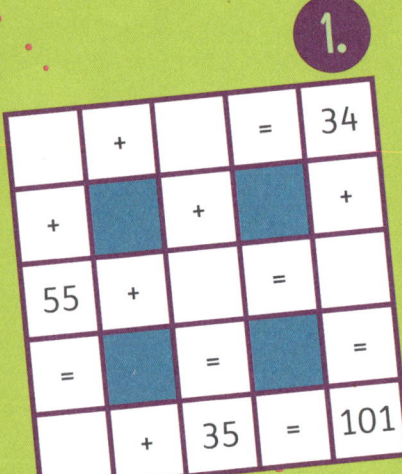

	+		=	34
+		+		+
55	+		=	
=		=		=
	+	35	=	101

2.

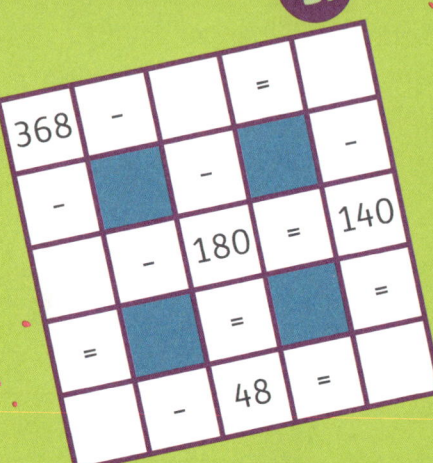

368	−		=	
−		−		−
	−	180	=	140
=		=		=
	−	48	=	

3.

47	+		=	86
−		+		−
	−	20	=	
=		=		=
	+		=	67

4.

208	−		=	29
+		+		+
	−	134	=	
=		=		=
	−		=	74

5.

	−		=	277
+		+		+
	−	5	=	
=		=		=
352	−		=	281

Fülle die Liste aus!

Starke Nerven

Geduld

10 Eigenschaften, die ein Astronaut haben muss

1. _____
2. _____
3. _____
4. _____
5. _____
6. _____
7. _____
8. _____
9. _____
10. _____

Auf Fehlersuche

Wie schreibst du diese zehn Wörter? Trage die Lösungsbuchstaben in die Kästchen ein. Sie ergeben von oben nach unten gelesen das Lösungswort.

#					
1. Waser	V	Wasser	S		☐
2. Antene	P	Antenne	T		☐
3. Orbit	E	Orbitt	F		☐
4. Himel	C	Himmel	R		☐
5. Flagge	N	Flage	S		☐
6. Nebel	W	Nebbel	K		☐
7. Jupiter	A	Juppiter	E		☐
8. Sauerstof	N	Sauerstoff	R		☐
9. Radiowelle	T	Radiowele	I		☐
10. Gallaxie	G	Galaxie	E		☐

Tipp:
Lies die Wörter laut vor. Wird der Vokal in der betonten Silbe kurz gesprochen, folgen zwei Konsonanten.

10 GEMACHT!

67

Die Sternenkarte

Alien Xutlu möchte zehn Sterne besuchen.
Die Sternenkarte zeigt dir, wo sie liegen.
Beginne immer bei Start und schreibe auf,
wie viele Kästchen Xutlu in welche Richtung
fliegen muss.

START

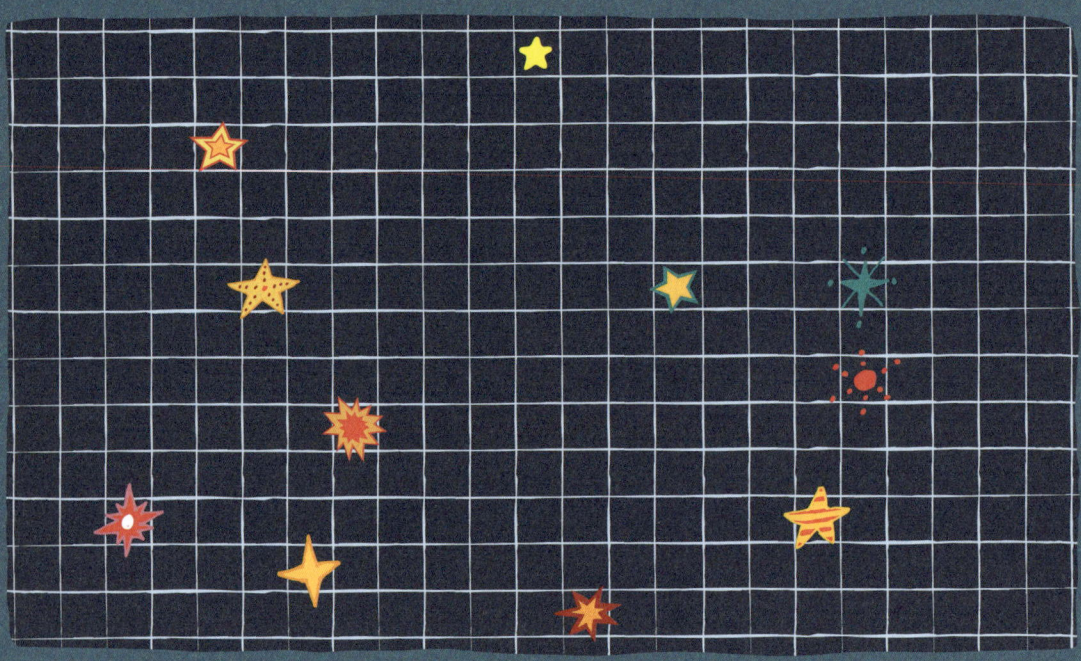

1. ⭐   2↓ 7←
2. ⭐
3. ✴️
4. ☀️
5. ⭐

6. ✴️
7. ✳️
8. ⭐
9. ✴️
10. ✦

10 GEMACHT!

Knack den Buchstabencode

Jeder Buchstabe des Wortes A S T R O N O M I E steht für eine Zahl.
Entschlüssle den Code und löse die zehn Aufgaben.

$$A + S + T + R + O + N + O + M + I + E = 1000$$

$A = 7 \cdot 8$

$S = E \cdot 3$

$T = A + N - 16$

$R = S \cdot 5$

$O = R : M$

$N = A : 4$

$O = ?$

$M = R : E - 3$

$I = ?$

$E = A - T + 14$

10 GEMACHT!

Löse die Sternhaufen

Die zehn Sternhaufen haben es in sich! Jedes Wort entsteht aus dem vorhergehenden, indem du einen Buchstaben hinzufügst und, wenn nötig, schüttelst.

1.
1. Erster Buchstabe im ABC
2. Abkürzung Arbeitsgemeinschaft
3. ... und Nacht
4. Ein Besucher
5. Anderes Wort für Furcht

2.
1. Vierter Buchstabe im ABC
2. Anderes Wort für dort
3. Teil des Autos
4. Kante
5. Feuer

3.
1. 20. Buchstabe im ABC
2. Englisch für „zu"
3. Geräusch
4. Zensur
5. Himmelsrichtung

4.
1. Fünfter Buchstabe im ABC
2. Personalpronomen
3. Scheues Waldtier
4. Kochstelle
5. Gruppe von Tieren

5.
1. Abkürzung für Süden
2. Auf diese Art
3. Himmelsrichtung
4. Anderes Wort für Gitter
5. Eisige Kälte

6.

1. Achter Buchstabe im ABC
2. Begrüßungswort
3. Fürwort
4. An diesem Ort
5. Gegenteil von arm

7.

1. 21. Buchstabe im ABC
2. In der Gegend
3. Gegenteil von Angst
4. Hohes Gebäude
5. Erlebnis im Schlaf

8.

1. Autokennzeichen Deutschland
2. Ach ... Schreck!
3. Bindewort
4. Der Ball ist ...
5. Anderes Wort für Boden

9.

1. Neunter Buchstabe im ABC
2. Lebensmittel
3. Personalpronomen
4. Küchengerät mit Löchern
5. Anderes Wort für Ungeheuer

10.

1. 19. Buchstabe im ABC
2. Personalpronomen
3. Das isst man im Sommer
4. Dicke Schnur
5. Gegenteil von laut

10 GEMACHT!

SPACE VOCABULARY

Weltraumvokabeln findest du im Wörterbuch. Kannst du die zehn englischen Wörter in die richtigen Lücken setzen?

sky

flight

shuttle

astronaut

ship

desert

rocket

starlight

temperature

day

Tipp:
Beginnen Wörter mit demselben Buchstaben, schau dir den zweiten an.

1. ask _____ aunt

2. daughter _____ dear

3. departure _____ desk

4. flat _____ floor

5. robot _____ roof

6. television _____ test

7. shelf _____ shoe

8. shower _____ shy

9. size _____ sleep

10. sport _____ stone

72

Wie ein Vogel fliegen

meine TOP 10!
Fülle die Liste aus!

Einen Salto in der Luft

10 Sachen,
die ich machen würde,
wenn ich schwerelos wäre

1. _____

2. _____

3. _____

4. _____

5. _____

6. _____

7. _____

8. _____

9. _____

10. _____

10 GEMACHT!

Lösungen

Seite 4

		K	O	M	E	T				
H	Q	B	K	Y	Z	G	F	H		
P	T	Ü	G	A	L	A	X	I	E	C
H	V	M	W	R	B	Q	S	T	Z	L	H	E
G	A	S	U	M	D	W	X	S	N	B	T	C
W	E	L	T	R	A	U	M	S	C	H	R	O	T	T
W	S	I	L	M	D	D	P	T	F	W	H	J	K	Ö
S	M	E	M	L	R	Ö	Ü	E	M	G	F	P	V	B
X	W	N	Ü	O	G	M	E	R	K	U	R	C	R	Q
M	N	K	V	C	F	A	D	N	R	H	T	F	P	W
G	W	N	H	Q	R	V	N	F	M	U	F	O
L	M	L	Z	F	S	B	E	T	W	Ö	D	C
X	A	C	R	V	S	B	M	W	Q	N
	M	O	N	D	B	E	N	M	H	
		Z	D	X	L	D				

Seite 5

1. 540 − 230 = **310**
2. 250 − **60** = 190
3. 372 + **45** = 417
4. **111** + 79 = 190
5. **157** − 125 = 32
6. 924 − **410** = 514
7. 170 + 480 = **650**
8. **189** + 356 = 545
9. **916** − 805 = 111
10. 444 + **223** = 667

Seite 6

1. c, 2. e, 3. a, 4. j, 5. i, 6. g, 7. d, 8. f, 9. h, 10. b

Seite 7

1.	STERN	BILD	SCHIRM
2.	SCHWER	KRAFT	SPORT
3.	TIER	WELT	ALL
4.	SATURN	RING	FINGER
5.	BLITZ	LICHT	JAHR
6.	KUH	MILCH	STRAßE
7.	RAUM	FAHRT	WIND
8.	WASSER	EIS	SCHICHT
9.	GARTEN	ZWERG	PLANET
10.	ABEND	STERN	KARTE

Seite 8

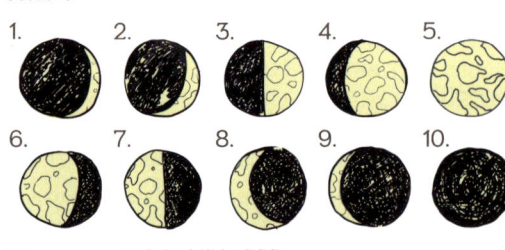

Lösungswort: RAUMFAHRER

Seite 10–11

1. 837 − 54 + 115 + 17 = **915**
2. 230 + 40 + 287 − 12 = **545**
3. 14 + 682 − 179 + 201 = **718**
4. 765 − 432 + 101 − 234 = **200**
5. 420 + 430 − 440 + 450 = **860**
6. 89 + 635 − 170 + 220 = **774**
7. 116 + 232 + 464 + 136 = **948**
8. 991 − 45 − 167 + 168 = **947**
9. 699 + 300 − 98 + 78 = **979**
10. 819 − 510 − 12 + 686 = **983**

Nummer sieben ist das schnellste Raumschiff.
948 ist die höchste Zahl, die sowohl durch 2 als
auch durch 3 teilbar ist.

Seite 12

1. star, 2. night, 3. comet, 4. dwarf, 5. rocket,
6. moon, 7. cloud, 8. earth, 9. galaxy, 10. astronaut

Seite 13

1. 6 · 8 = **48**
2. 38 · 10 = **380**
3. 19 · 3 = **57**
4. 490 · 2 = **980**
5. 10 · 9 = **90**
6. 26 · 20 = **520**
7. 15 · 6 = **90**
8. 60 · 9 = **540**
9. 11 · 47 = **517**
10. 7 · 15 = **105**

Lösungswort: ASTRONOMIE

Seite 14–15

1. Sternbild, 2. Mondreise, 3. Raumfahrt, 4. Astronaut, 5. Besatzung, 6. Nachtflug, 7. Marsrover,
8. Fixsterne, 9. Universum, 10. Planetoid

Seite 16

Seite 18–19

1.

	117	
46	71	
32	14	57

2.

	67	
30	37	
9	21	16

3.

	290	
150	140	
40	110	30

4.

	184	
95	89	
19	76	13

5.

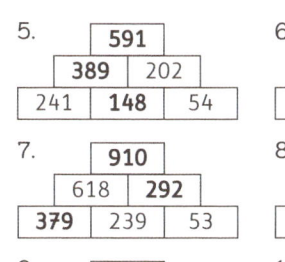

	591	
389		202
241	148	54

6.

	856	
460		396
184	276	120

7.

	910	
618		292
379	239	53

8.

	696	
455		241
443	12	229

9.

	513	
192		321
83	109	212

10.

	731	
545		186
454	91	95

Seite 20

SOS! WERDEN IN ZEHN TAGEN VON KOMETEN GERAMMT UND ZERSTÖRT!

Seite 21

full moon, rainbow, skyscraper, dwarf planet, stardust, countdown, spaceship, ice giant, sunrise, thunderstorm

Seite 22–23

1. der Weltraum, 2. der Uranus, 3. das Metall, 4. der Fallschirm, 5. der Sternenhimmel, 6. das Laserschwert, 7. die Raumstation, 8. der Heimatplanet, 9. der Satellit, 10. die Mondfinsternis

Seite 24

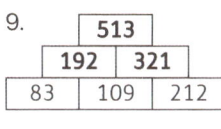

Lösungswort: RAUMKAPSEL

Seite 26

sternklar, bitterkalt, staubtrocken, hauchdünn, federleicht, mondhell, geheimnisvoll, blitzschnell, kugelrund, stockdunkel

Seite 27

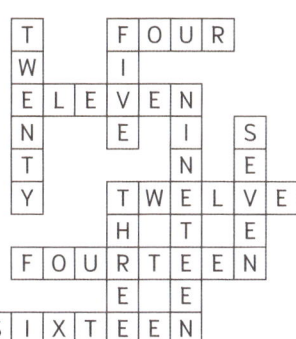

Seite 28–29

1. Orion

2. Drache

3. Walfisch

4. Steinbock

5. Löwe

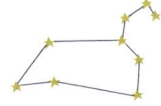

6. Fisch

7. Skorpion

8. Zwillinge

9. Großer Wagen

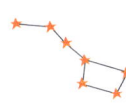

10. Kassiopeia

Seite 31

1. **plane**t, 2. **come**t, 3. **c**loud, 4. sa**t**ellite, 5. **rock**et, 6. **ant**enna, 7. Sa**turn**, 8. **start**, 9. vo**ice**, 10. sp**ring**

Seite 32

SEI GEGRÜSST, **ERDLING**. MEIN **PLANET** IST VIELE **LICHTJAHRE** VON DER **ERDE** ENTFERNT. BEI UNS HABEN ALLE **BEWOHNER** GRÜNE **HAARE**. ZUR **BEGRÜSSUNG** SAGEN WIR: „OOGA!" ICH ESSE GERN **EIS** MIT SAUREN **GURKEN**. UND WENN MIR LANGWEILIG IST, SCHAUE ICH MIR **STERNBILDER** AN.

der Erdling, der Planet, die Lichtjahre, die Erde, der Bewohner, die Haare, die Begrüßung, das Eis, die Gurken, die Sternbilder

Seite 33

1. **11**, 112, **213**, **314**, **415**, 516, **617**
   Regel: +101

2. 3, 9, **27**, **81**, **243**, 729
   Regel: · 3

3. 457, **438**, 419, 400, **381**, **362**
   Regel: − 19

4. 768, 384, **192**, **96**, **48**, 24, 12, **6**
   Regel: : 2

5. 397, 356, **390**, **349**, **383**, **342**, 376
   Regel: − 41 + 34

6. 8, **24**, 12, 36, **18**, **54**, **27**, **81**
   Regel: · 3 : 2

7. 110, 220, 210, **420**, **410**, **820**, 810
   Regel: **· 2 − 10**

8. 14, **42**, 25, 75, **58**, **174**, **157**
   Regel: **· 3 − 17**

9. **295**, **291**, 97, 93, **31**, **27**, 9
   Regel: − 4 : 3

10. **218**, 211, 229, 222, **240**, 233, **251**
    Regel: **− 7 + 18**

Seite 34–35

1.
F	A	L	L
B	A	L	L
B	A	L	D
B	A	N	D
B	U	N	D

2.
N	E	I	N
K	E	I	N
K	E	R	N
K	O	R	N
K	O	R	B

3.
R	I	N	G
R	I	N	D
W	I	N	D
W	A	N	D
W	A	L	D

4.
E	U	L	E
E	I	L	E
E	I	N	E
E	I	N	S
Z	I	N	S

5.
N	O	R	M
N	O	R	D
M	O	R	D
M	O	N	D
M	U	N	D

6.
T	I	E	R
T	E	E	R
M	E	E	R
M	E	H	R
M	E	H	L

7.
B	A	R	T
H	A	R	T
H	A	L	T
H	A	L	M
H	E	L	M

8.
B	A	U	M
Z	A	U	M
Z	A	H	M
Z	A	H	N
Z	E	H	N

oder

9.
W	A	B	E
R	A	B	E
R	O	B	E
R	O	S	E
R	O	S	T

W	A	B	E
R	A	B	E
R	A	S	E
R	A	S	T
R	O	S	T

10.
N	U	S	S
N	A	S	S
N	A	S	E
H	A	S	E
H	A	B	E

Seite 36

1. 84 : 7 = **12**
2. 126 : 9 = **14**
3. 555 : 111 = **5**
4. 230 : 23 = **10**
5. 42 : 2 = **21**
6. 104 : 13 = **8**
7. 770 : 11 = **70**
8. 72 : 4 = **18**
9. 252 : 12 = **21**
10. 625 : 25 = **25**

Lösungswort: Polarstern

Seite 37

1. schwer (keine Farbe), 2. Zahl (kein doppelter Mitlaut), 3. Berlin (kein Land), 4. Mond (kein Plural), 5. singen (kein Nomen), 6. Staub (wird mit sch gesprochen, aber mit st geschrieben), 7. kriechen (gehört nicht zum Wortfeld fliegen), 8. Familie (ie wird getrennt gesprochen), 9. Mond (kein Planet), 10. Schnecke (kein Sternzeichen)

Seite 39

1.
2.
3.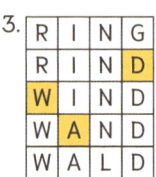
4.
5.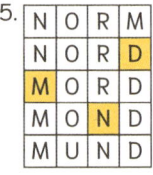
6.
7.
8.
9.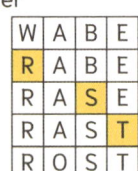
10.

Seite 40–41

1. b, 2. c, 3. a, 4. b, 5. b, 6. b, 7. a, 8. a, 9. a, 10. b
Lösungswort: Atmosphäre

Seite 42

A	V	E	N	U	S	K	U	X	W	C	B	U
M	V	C	B	R	P	T	Q	V	U	M	J	T
U	T	W	R	A	D	P	R	K	M	L	U	G
O	P	R	W	N	G	L	H	J	K	V	P	T
X	V	M	T	U	Y	U	G	T	R	A	I	K
O	P	M	A	S	A	T	U	R	N	S	T	F
V	T	E	W	E	V	O	D	X	K	R	E	Q
E	A	R	T	H	C	Z	S	D	M	A	R	S
N	U	C	W	D	S	H	T	J	R	L	M	B
F	S	U	Z	L	X	D	T	A	V	P	L	M
P	T	R	R	N	E	P	T	U	N	E	V	O
B	H	Y	H	G	N	S	J	K	Y	Z	T	O
D	K	P	U	B	S	F	K	C	Q	W	R	N

Seite 44–45

1. 167 Grad Celsius, 2. 19 Jahre, 3. 79 Monde,
4. 42 Jahre, 5. 362 Tage, 6. 600 Minuten,
7. 499 Sekunden, 8. 67 Stunden 40 Minuten,
9. fünf Kilogramm, 10. 16-mal

Seite 46–47

1. Sternbild, 2. Roboter, 3. Raumstation,
4. Schwerkraft, 5. Urknall, 6. Lichtjahr,
7. Himmelskörper, 8. Kosmonaut, 9. Universum,
10. Asteroid

Seite 48–49

1.
```
R O S E
D U S T
  F L A G
    R O C K
```

2.
```
T E A M
  P L A N
  C R E W
    S H O E
```

3.
```
T E A R
    B I K E
  S A N D
  S I G N
```

4.
```
F A S T
  W A I T
  H O M E
  T R E E
```

5.
```
B A B Y
  H E A T
B A L L
L A T E
```

6.
```
C O D E
  D A R K
D O W N
  S N O W
```

7.
```
E A S T
  A U N T
  B I R D
  S T A R
```

8.
```
S H I P
  B E A R
  T R I P
M O O N
```

9.
```
  A W A Y
  F I L M
T E N T
  I D E A
```

10.
```
L A M P
  B O O K
  C O L D
H A N D
```

Seite 50

1. **Nacht**himmel, 2. h**elf**en, 3. Kla**vier**,
4. ver**sieben**, 5. Kl**eins**tadt, 6. **Zwei**fel,
7. **Zehn**agel, 8. Rund**rei**se, 9. Meere**sechs**e,
10. **eins**am

Seite 52

Alien	1	2	3	4
Name	Zarina	Alecx	Lilya	Pabl
Alter	51	38	12	102
Planet	Triculus	Flavori	Tintus	Fundi
Essen	Eis	Zitronen	Algen	Spinat

Seite 53

1. 84 = vierundachtzig
2. 37 < 6 · 7
3. vierhundertachtzehn < 481
4. hundertzwanzig > 9 · 13
5. vier · hundertzwei > vierhundertzwei
6. 102 + 303 = 27 · 15
7. 7 · 7 · 7 < dreihundertdreiundfünfzig
8. 176 : 16 = 484 : 44
9. 2 · 3 · 4 · 5 = das Doppelte von sechzig
10. 24 · 15 < 61 · 8

Seite 54–55

1.  2.

3.  4.

5.  6.

7.  8.

9.  10.

Seite 56

Lösungswort: Erdtrabant

Seite 57

lion, bear, tiger, frog, mouse, rabbit, bat, spider, owl, cat

Fledermaus (bat) und Eule (owl) können fliegen.

Seite 58–59

1. + 8. Satellit, 5. + 4. Meteorit, 6. + 17. Gaswolke, 2. + 14. Teleskop, 19. + 3. Astronom, 11. + 18. Fernrohr, 10. + 15. Kalender, 12. + 20. Galaxien, 16. + 7. Halbmond, 9. + 13. Weltraum

Seite 61

In unserem Sonnensystem gibt es acht
(1) **Planeten**: Merkur, Venus, Erde, (2) **Mars**, Jupiter, Saturn, Uranus und Neptun. Sie umkreisen die (3) **Sonne** in regelmäßigen Bahnen. Die (4) **Erde** ist der einzige Planet, von dem wir bisher mit Sicherheit wissen, dass es auf ihm Leben gibt. Jeder Planet in unserem (5) **Sonnensystem** ist anders aufgebaut. Einige bestehen aus (6) **Gas** und Flüssigkeit, andere aus Gestein und (7) **Metall**. Auch die (8) **Temperaturen** sind von Planet zu Planet verschieden. Früher war (9) **Pluto** der neunte Planet unseres Sonnensystems. Seit 2006 gilt er nur noch als (10) **Zwergplanet**.

Seite 62

1. $85 - 36 = 49$
2. $49 : 7 = 7$
3. $7 \cdot 3 + 49 = 70$
4. $70 - 49 = 21$
5. $21 \cdot 7 : 49 = 3$
6. $3 \cdot 49 + 21 = 168$
7. $168 : 3 + 21 = 77$
8. $77 + 168 - 49 = 196$
9. $196 : 7 = 28$
10. $28 \cdot 3 - 70 = 14$

 = 49
 = 168

 = 7
= 77

 = 70
= 196

 = 21
= 28

 = 3
= 14

Seite 63

1. Ha-se, 2. Kat-ze, 3. Ra-ke-te, 4. Stern-schnup-pe, 5. Milch-stra-ße, 6. Re-gen-bo-gen, 7. Au-ßer-ir-di-scher, 8. As-tro-naut, 9. Te-le-s-kop, 10. Um-lauf-bahn

Seite 64–65

1.

11	+	23	=	34
+				+
55	+	12	=	67
=				=
66	+	35	=	101

2.

368	–	228	=	140
–				–
320	–	180	=	140
=				=
48	–	48	=	0

3.

47	+	39	=	86
–		+		–
39	–	20	=	19
=		=		=
8	+	59	=	67

4.

208	–	179	=	29
+		+		+
179	–	134	=	45
=		=		=
387	–	313	=	74

5.

343	–	66	=	277
+		+		+
9	–	5	=	4
=		=		=
352	–	71	=	281

6.

3	·	4	=	12
·		·		·
2	·	4	=	8
=		=		=
6	·	16	=	96

7.

112	:	14	=	8
:		:		:
56	:	14	=	4
=		=		=
2	:	1	=	2

8.

4	·	96	=	384
:		:		:
1	·	6	=	6
=		=		=
4	·	16	=	64

9.

108	:	6	=	18
·				·
8	:	4	=	2
=		=		=
864	:	24	=	36

10.

44	·	12	=	528
:		:		:
2	·	4	=	8
=		=		=
22	·	3	=	66

Seite 67

1. Wasser, 2. Antenne, 3. Orbit, 4. Himmel,
5. Flagge, 6. Nebel, 7. Jupiter, 8. Sauerstoff,
9. Radiowelle, 10. Galaxie

Lösungswort: Sternwarte

Seite 68

1. ⭐   2 ↓ 7 ←
2. ⭐   3 → 5 ↓
3. 💥   4 ← 8 ↓
4. ☀   7 ↓ 7 →
5. ⭐   5 ↓ 6 ←
6. ✴   9 ← 10 ↓
7. ✳   7 → 5 ↓
8. ⭐   10 ↓ 6 →
9. ✦   1 → 12 ↓
10. ✦   11 ↓ 5 ←

Seite 69

$A = 7 \cdot 8 = 56$

$S = 16 \cdot 3 = 48$

$T = 56 + 14 - 16 = 54$

$R = 48 \cdot 5 = 240$

$O = 240 : 12 = 20$

$N = 56 : 4 = 14$

$O = 20$

$M = 240 : 16 - 3 = 12$

$I = 1000 - 56 - 48 - 54 - 240 - 20$
     $- 14 - 20 - 12 - 16 = 520$

$E = 56 - 54 + 14 = 16$

$56 + 48 + 54 + 240 + 20 + 14 + 20 + 12 + 520 + 16$
$= 1000$

Seite 70–71

1.
```
    A
   A G
  T A G
 G A S T
A N G S T
```

2.
```
    D
   D A
  R A D
 R A N D
B R A N D
```

3.
```
    T
   T O
  T O N
 N O T E
O S T E N
```

4.
```
    E
   E R
  R E H
 H E R D
H E R D E
```

5.
```
    S
   S O
  O S T
 R O S T
F R O S T
```

6.
```
    H
   H I
  I H R
 H I E R
R E I C H
```

7.
```
    U
   U M
  M U T
 T U R M
T R A U M
```

8.
```
    D
   D U
  U N D
 R U N D
G R U N D
```

9.
```
    I
   E I
  S I E
 S I E B
B I E S T
```

10.
```
    S
   E S
  E I S
 S E I L
L E I S E
```

Seite 72

1. ask astronaut aunt
2. daughter day dear
3. departure desert desk
4. flat flight floor
5. robot rocket roof
6. television temperature test
7. shelf ship shoe
8. shower shuttle shy
9. size sky sleep
10. sport starlight stone

Bis bald!

Tschüss!

Bibliografische Information der Deutschen Nationalbibliothek

Die Deutsche Nationalbibliothek verzeichnet diese Publikation in der Deutschen Nationalbibliografie; detaillierte bibliografische Daten sind im Internet über http://dnb.dnb.de abrufbar.

Das Wort **Duden** ist für den Verlag Bibliographisches Institut GmbH als Marke geschützt.

Bibliographisches Institut GmbH, Mecklenburgische Straße 53, 14197 Berlin

Redaktionelle Leitung   Constanze Schöder, Ina Koslowski
Redaktion   Christina Braun
Autorin   Janine Eck
Illustrationen   Merle Goll (Rahmen: S. 25, 43 / Meine Top10!-Buttons: S. 9, 17, 25, 30, 38, 43, 51, 60, 66, 73), Karoline Jakubik (Rahmen: S. 5, 69), Sabine Mielke (Rahmen: S. 8, 16 / Mach10!-Sticker) vom Atelier Unterseecafé
Herstellung   Maike Häßler
Layout und Satz   Atelier Unterseecafé – Merle Goll, Karoline Jakubik und Sabine Mielke
Umschlaggestaltung   2issue, München
Umschlagillustration   wong salam/Shutterstock.com (Rakete, Satellit, Planet, Laserpistole, Roboter); topform/Shutterstock.com (Rakete, Space Rover); Digital Draw Studio/Shutterstock.com (Ufo, Aliens)
Druck und Bindung   Grafisches Centrum Cuno GmbH & Co. KG, Gewerbering West 27, 39240 Calbe (Saale)
Printed in Germany

ISBN 978-3-411-72046-0
www.duden.de